AF259624

LES MŒURS

DES GERMAINS

PAR C.-C. TACITE

TRADUCTION *NOUVELLE*

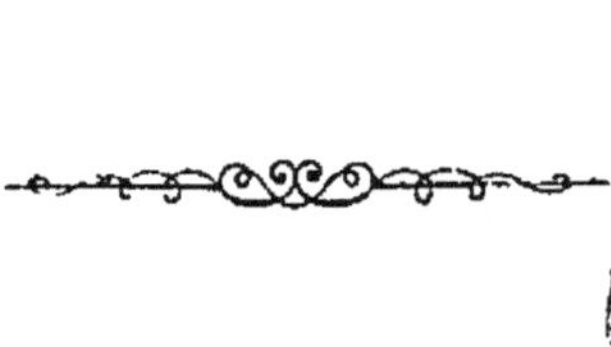

PARIS

1871

QUELQUES MOTS

EN GUISE DE PRÉFACE

A M. MOMMSEN,

HISTORIEN ALLEMAND

Vous êtes un grand historien, et je ne suis rien dans le monde littéraire et érudit. Mais vous êtes allemand, je suis français ; nous sommes donc susceptibles de ne pas nous entendre, et je prends la liberté de m'adresser à vous sans attendre votre autorisation.

Vainqueurs d'hier, vaincus d'aujourd'hui, l'histoire nous jugera, mais il s'agit de lui fournir, dès maintenant, les élé-

ments d'une sentence impartiale. C'est pour cela que, même pendant que vos troupes viennent ridiculement se poster sur les trottoirs des rues voisines, je vous adresse quelques mots en guise de préface à cet opuscule.

Peut-être ne trouverez-vous pas dans ces quelques pages tout ce que j'aurais désiré y introduire, et certainement je con fesse à l'avance les quelques inexactitudes qui m'auront échappé. Mais ce qui n'est pas rigoureusement traduit du texte latin est tellement vrai, tellement connu désor- mais, que cela m'excusera à vos yeux.

J'ai voulu conserver leur caractère aux *Mœurs des Germains*. C'est pour cela que je vous demande la permission de placer ici deux souvenirs que je garde dans mon cœur et qui appartiennent à l'histoire. Quand je dis permission, c'est pure urba- nité, croyez-le bien, monsieur. Je n'en ai vraiment pas besoin.

C'était en 1866 ; M. de Bismark et M. de Platen causaient ensemble du récent voyage que votre premier ministre venait d'accomplir à Biarritz.

— Je vais déclarer la guerre à l'Autriche, dit M. de Bismark à son interlocuteur.

— Que dira la France ?

— Rien, je lui ai promis les bords du Rhin.

— Vous… avez… promis… les… bords du… Rhin… ?

— Oui, comte, mais ne vous inquiétez pas, entre promettre et tenir, il y a pour moi une *distance…!* vaincu, je n'ai rien à dire, mais vainqueur….. ?

M. de Bismark fit Sadowa et conserva entre la promesse qu'il avait faite et son exécution la *distance* que vous savez. Quand des hommes de cette taille ont une pareille mauvaise foi et une semblable impudence, et que des peuples nombreux sont leurs esclaves, on n'est pas obligé, je crois, à des égards exagérés pour eux ni pour les peuples qu'ils gouvernent. Cette opinion — qui m'est personnelle — vous expliquera peut-être quelques passages qui, sans elle, seraient inintelligibles.

M. de Bismark n'est pas un malfaiteur vulgaire. C'est tout ce que j'en veux dire au sujet de ce qui précède. Mais je fais mes réserves pour ce qui suit.

Ecoutez ce que j'ai entendu raconter :

« Le 28 janvier 1871, c'était à Versailles. Au coin de la cheminée, M. de Bismark fumait. Le prince de Mecklembourg entra. S'approchant du grand chancelier : — « Eh « bien ! comte, lui dit-il, quelle nouvelle de Paris ? » Alors M. de Bismark, secouant dédaigneusement la cendre de son cigare, dit d'un ton calme et d'un geste sec : — « La bête est morte ! »

M. de Bismark a dit de Paris un mot

qu'on ne dira jamais de lui, et pas de si-
tôt de la nation allemande.

Oui, monsieur de Bismark, la bête est
morte, vous l'avez tuée. Mais Paris, ni la
France, ne représentent Berlin ou l'Allemagne : ce ne sont pas des bêtes, on ne
les tue pas ! ni vous, ni d'autres, n'en
sauriez venir à bout. N'ayant jamais
vu autre chose chez vos sujets, vous n'a-
vez pas compris, sans doute, que chez
nous la bête n'est que secondaire. Mais ce
qu'il y a de certain, c'est que notre âme
survit avec des réactions que vous igno-
rez, des flammes que vous ne connaissez
point, et si vous avez pu voiler, salir de
nuages un instant notre beau soleil de
France, soyez persuadé que quel que soit
le nombre des outrages que vous vouliez
nous infliger, la honte sera pour vous seul,
et que vous n'empêcherez jamais notre
cœur de battre et notre âme de laisser
tomber sur vous le mépris et la haine aux-
quels vous avez droit.

Et tant que la nation allemande restera soumise au sceptre impérial qu'elle vient de s'infliger, nous n'aurons pour elle que haine et que mépris, car cela nous prouvera qu'elle veut demeurer un instrument docile aux mains d'un fou dangereux.

Vous, cependant, illustre historien, vous auriez pu glisser adroitement à l'oreille de M. de Bismark qu'il est de notoriété historique que l'avénement d'un empereur est un symptôme de décadence chez un peuple ; que les Auguste produisent les Augustules, que les Napoléon Ier produisent les Napoléon III, et que les nations intelligentes sont lasses de les voir et de les entretenir.

Vous ne l'avez pas fait.

On me dit, il est vrai, que M. de Bismark aurait, comme mobile de ses actes, l'idée de réunir tous les royaumes, principautés et duchés d'Allemagne sur une seule tête, pour la couper plus facilement au profit de la République.

Si cette pensée avait traversé l'esprit de M. de Bismark, je lui pardonnerais bien des choses..... que je lui ferais restituer. Mais je n'en crois rien.

Paris, le 1ᵉʳ Mars 1871.

I

L'Allemagne, ou Germanie, est séparée de la France par le mépris profond et la haine durable qu'elle a su inspirer à celle-ci ; de la Russie, par une jalousie bien naturelle ; de l'Autriche, par Sadowa ; du Danemark, par l'article 4 du traité de Prague ; de la Hollande, par un reste d'hésitation ; de la Belgique, par une imperceptible crainte de l'Angleterre ; et du reste du monde par la distance qui existe entre les bottiers doués de probité et les *schuhmachers* qui raccomodent les savates faute de pouvoir les voler.

Le Rhin l'arrose à regret, et le Danube la quitte rapidement pour entrer dans des pays honnêtes.

Je crois que les Allemands sont un peuple grossier, *indigesta moles*, qu'ils ne sont rien par eux-mêmes que *gens indigesta*. Leur marine est trop limitée pour qu'ils soient des pirates, sans cela aucune nation n'eut fourni une pareille pépinière de forbans.

II

L'Allemagne est peu fréquentée, si ce n'est par les désœuvrés, les escrocs, les joueurs et les filles. Qui donc abandonnerait la France, l'Italie, l'Asie, l'Afrique ou l'Amérique pour passer dans un pays qui n'est pas une patrie ?

Les Allemands prétendent avoir eu chez eux un Hercule : ce n'est pas vrai. Ils ont des canons Krupp, et leur plus grande valeur consiste à se cacher et à tirer loin, et de loin. Quand ils vont au combat, ils poussent des hurlements qui prouvent que la bête dont ils descendent n'a point disparu, et qu'ils sont à peine entrés dans la famille humaine.

III

J'adopte, quant à moi, l'opinion de ceux qui pensent que les habitants de la Germanie n'ont point été civilisés par des mariages avec d'autres peuples. Ceux-ci ont eu toujours le pressentiment de leur valeur, et ils ont tenu à laisser les Germains pour ce qu'ils sont, n'ayant pu apprécier s'ils étaient susceptibles d'une perfection qui n'appartient qu'aux races douées d'esprit et de cœur.

Aussi, les conformations des individus, quoiqu'en si grand nombre, sont partout les mêmes : les yeux ont la couleur bleue des yeux du mouton ; leur chevelure est une étoupe jaune ou rougeâtre, légèrement infectante pendant la canicule ; ils la divisent sur le milieu de la tête par une raie qui se prolonge très loin par derrière, et qui indique bien le côté sous lequel ils aspirent à la civilisation.

Ils boivent quand ils ont soif, et surtout au-delà ; mais ils supportent plutôt la faim, et se contentent de pommes de terre comme les individus de la race porcine.

IV

Les Dieux leur ont refusé l'or et l'argent; mais, en revanche, ils les ont doués au plus haut degré de la bosse du brocantage, de l'usure et du vol. Il y a peut-être, il y a sans doute, en Allemagne, des mines de ces divers métaux, mais la nonchalance naturelle des habitants leur interdit de les trouver. S'il y avait des truffes enfouies dans le sol, ce serait tout autre chose. Ils connaissent plusieurs espèces de monnaie, et préfèrent celle des peuples voisins.

V

Ils ont des troupes d'aventuriers que l'on nomme *uhlans*, et dont le recrutement s'opère sur les grandes routes, qu'ils ont l'habitude de tenir pour dévaliser les voyageurs. Les uhlans portent des lancés ou framées terminées par un fer étroit et court comme leur esprit, mais plus acéré.

Les soldats, en général, sont habillés d'uniformes variés, fort laids, très incommodes, mais concentrant bien sur l'individu qui les porte toute la crasse et la vermine que peut produire un corps d'allemand nourri de choucroûte et rarement lavé.

Autrefois, ils n'avaient qu'à peine des casques de fer ou de cuir. Mais, leurs chefs s'étant aperçus de l'avantage qu'il y aurait à charger leur tête pour comprimer leur embryon de cervelle, tous

2.

furent forcés de porter des sortes de marmites
renversées, avec paratonnerre au sommet. Depuis
lors, la discipline, l'*automatie*, en un mot l'abru-
tissement du soldat allemand, du prussien en
particulier, est devenu proverbial.

VI

Ils choisissent leur roi d'après la quantité de boisson qu'il peut absorber, et l'intensité d'ivresse qu'il peut réaliser. Gambrinus, le verre en main près d'un tonneau de bière, est le type sur lequel se modèlent les rois de Prusse. De nos jours, Guillaume a tellement dépassé ses prédécesseurs par sa profonde et incessante ivrognerie, que ses grands vassaux lui ont conféré le titre d'empereur. Auguste, Charlemagne, Charles-Quint, Pierre-le-Grand et Napoléon I_e^r doivent être bien fiers de leur nouveau collègue.

Le pouvoir impérial et royal est soutenu surtout par la crainte et l'hébêtement. Les sévices, l'emprisonnement et les coups de bâton ou de plat de sabre, pratiqués sur une grande échelle,

concourent spécialement à ce résultat. Ce qui
enflamme surtout la valeur des Allemands dans
les combats, c'est qu'il y a toujours derrière eux
des batteries de canons prêtes à tirer sur les
fuyards.

VII

De tous leurs Dieux, celui qu'ils honorent le plus est naturellement Mercure, — le Dieu des voleurs. Ils apaisent Mars en assassinant beaucoup de monde, sans distinction d'âge ni de sexe, et Mercure en s'offrant à eux-mêmes les dépouilles de leurs victimes.

VIII

La seule idée remarquable qu'ils aient eue dans les temps anciens était, pour préjuger du résultat des guerres qu'ils entreprenaient, de faire combattre un captif de la nation ennemie avec un guerrier choisi parmi leurs peuples ; la victoire de l'un ou de l'autre était acceptée comme pronostic. Mais aujourd'hui, la bravoure individuelle n'existant pas chez eux, ces essais se renouvellent d'autant moins que l'on est sûr, dans les combats corps à corps, de voir les Prussiens s'enfuir malgré les canons qui gardent leurs vastes derrières.

IX

Les affaires dont la décision appartient au peuple sont discutées et résolues par les chefs. Aujourd'hui, les volontés de plusieurs dizaines de millions d'hommes sont à la merci de trois individus : M. de Bismark, M. de Moltke et Guillaume. De la sorte, les décisions sont rapidement prises.

M. de Bismark dit : Nous sommes dans notre tort, mais la force prime le droit; nous allons faire la guerre et nous perdrons beaucoup de monde. — Cela m'est bien égal, répond Guillaume. — Quant à moi, reprend M. de Moltke, du moment qu'on veut la guerre, j'en suis, et je vous promets que j'y ferai tuer du monde.

Et, peu de temps après que ces décisions, d'une moralité inaccessible au commun des mortels,

ont été prises, les villes et les villages d'Allemagne
n'ont plus que des pères désolés, des mères en
larmes, des femmes en deuil et des orphelins ;
alors, Guillaume, empereur d'Allemagne ; M. de
Bismark, un malin ; M. de Moltke, exécuteur des
hautes-œuvres, s'épanouissent dans les brasseries
impériales et s'écrient : « Voilà ce que nous vou-
lions ! », — et ils boivent.

X

On peut porter devant les Assemblées les accusations et les affaires criminelles, c'est inutile. Un proverbe, sorti de je ne sais où, a prétendu qu'il y avait des juges à Berlin ! Il n'y a que des voleurs ! C'est un adage issu, peut-être, de ce que l'on nomme la sagesse des nations, et qui, comme beaucoup d'autres de même origine, n'a certainement pas la moindre raison d'être.

XI

Leurs chefs sont un empereur (jadis un roi), des princes, des ducs, autour desquels se groupe un nombreux domestique. Dans la bataille, chacun d'eux cherche à se garer suivant l'ordre hiérarchique : l'empereur, aux extrémités, toujours prêt à fuir ; les princes, disposés à le suivre à peu de distance ; les ducs, à une distance un peu plus grande ; les comtes, après. Les soldats seuls n'ont aucune issue en présence de l'ennemi. S'ils se laissaient refouler par devant, ils ne le seraient pas moins derrière par le canon des princes. Ce qui est très bien vu, pour la plus grande sûreté de l'empereur et le plus rapide anéantissement de ses sujets.

Toutefois, l'attachement du soldat au comte, du comte au duc, du duc au prince, et du prince

à l'empereur, s'explique parfaitement par les béné-
fices que tous en retirent suivant leur rang. Il est
avéré que les chefs ne peuvent attacher tant de
guerriers à leur suite sans pillage et sans dévasta-
tions, sans festins, rapines et libertinage. De la
landwehr à la garde impériale, il n'est pas un cas-
que, à pointe ou non, qui ne préfère obtenir par
le viol, l'assassinat, le brigandage, les résultats
que donnerait une vie honnête, laborieuse et
calme. Bien plus, il leur semblerait lâche et hon-
teux d'acquérir par la sueur ce qu'on peut obtenir
par le sang. Comme cela peint bien leur excellent
naturel, leur exquise et noble origine ! ! !

XII

Tout le temps qu'ils ne sont pas en guerre, ils le passent dans une sorte de béatitude somnolente et les excès de table. Ils ont été longtemps à s'habituer à la résidence des villes et à avoir des demeures contiguës. Ils se connaissent et s'apprécient si bien entre eux qu'ils redoutent d'être trop près les uns des autres.

Leurs vêtements sont souvent des peaux de bêtes ; cela fait double emploi avec la leur, mais c'est une nécessité de climat. L'habillement des femmes est le même que celui des hommes, seulement elles ont le dessus du sein découvert : si le reste est caché, c'est qu'il a besoin d'appui.

XIII .

Quant à leurs mœurs, elles sont d'une rigidité que ne soupçonnaient ni Caton, ni saint Antoine. Leurs unions sont chastes et produisent des multitudes de trombones pour les foires, de balayeurs de rues, d'artistes en paniers d'osier, qu'on voit dépenaillés dans les fossés de nos grandes routes, ou bien aux abords de nos villes, *quærentes quid devorent*, cherchant à décrocher le linge au séchage.

On dit qu'ils se contentent d'une seule femme, et cela s'explique ainsi : Ils expédient la majeure partie de leurs filles pour fournir les maisons de prostitution en France et à l'étranger. Parent-Duchâtelet, un auteur contemporain, donne à ce sujet des chiffres indiscutables. Ce sont ces filles qui forment leurs espions, ainsi qu'on a pu s'en convaincre sur les trottoirs de Paris ; ils n'en dédaignent point les avis et en acceptent, en les payant, les services les plus variés.

XIV

Une des choses qui leur donnent une supério-
rité sur leurs aïeux, dont la bonne foi a pu être
proverbiale, c'est que le commerce des lettres n'est
plus pour eux un mystère. Ils l'appliquent à tout,
et particulièrement à l'exploitation et à la trahi-
son des gens qui les accueillent.

Quand, par malheur, ils deviennent correspon-
dants de journaux, ils mangent à tous les rate-
liers, reçoivent de l'argent des deux mains et de
tous les partis indistinctement ; cela leur permet
de représenter dignement la police secrète à
l'étranger, de donner des soirées où l'on mange
des Küchel, et ils finissent généralement par
épouser la première chanteuse du théâtre royal de
Messine. — *Gazette de Cologne*, saluez !

XV

Les femmes sont toutes idéales : Marguerite ou Mignon. Elles n'apportent rien en dot à leur mari ; en revanche, elles lui demandent tout, sans s'inquiéter où il prendra. Parfois, pourtant, leur nature poétique et divine s'abaisse à expliquer leurs penchants et à désigner les boutiques où se rencontre l'objet de leurs rêveries. Ainsi, dans une guerre récente, une jeune fiancée blonde, comme on sait, avec des yeux bleus, comme on sait, et le reste, comme on sait, écrivait à son promis, qui, se faisant la main dans des maisons particulières, se préparait au pillage d'une grande capitale : « Si tu entres chez un bijoutier, cher bien-aimé, prends des boucles d'oreilles pour les rapporter à ta Dorothée ! »

XVI

En toute maison, les enfants vivent dans la saleté *(in omni domo sordidi)*, comme leurs pères quand ils sont au camp. Mais les femmes prennent des ablutions assez fréquentes, dès qu'approche le moment de leur exportation pour l'usage que nous avons dit.

XVII

Le crime, le viol, l'assassinat n'entraînent ni réprobation, ni vengeance. Pour eux, une bête en vaut une autre, et dans les familles, un homme tué est remplacé par du grand ou du petit bétail, suivant son importance. Aucune nation n'est plus pratique et moins hospitalière. En échange, ses habitants s'invitent chez les étrangers avec une étonnante facilité ; ils s'offrent le bien d'autrui avec une prodigalité sans égale. Lorsque leurs propres provisions sont épuisées, ils s'efforcent de prendre celles de leurs voisins, et ne reculent devant rien pour y arriver.

XVIII

Quand ils se sont introduits dans une maison dans le but ordinaire et bien déterminé de la dévaliser, ils se feraient un scrupule d'y rien laisser, et la *nettoient* avec un soin incomparable. Ce côté noble et ferme de leur caractère s'est révélé plus que jamais dans les dernières guerres. Les princes en sont doués comme leurs sujets, et, s'ils n'emportent pas tout ce qui leur tombe sous la main et qui ne leur appartient pas, c'est que chevaux, voitures et wagons sont insuffisants. On les a vus expédier, en Allemagne, jusqu'aux persiennes des maisons dans lesquelles ils avaient bien voulu s'installer. Une justice à leur rendre à tous, c'est que ce qu'ils ne peuvent enlever..... ils le brûlent.

XIX

Il n'est déshonorant pour personne de passer à
boire tout le jour et toute la nuit : c'est même
obligatoire. La paix et la guerre ne se traitent que
presque sous la table. Leur boisson est une
liqueur extraite de l'orge ou du blé, épaisse,
lourde et indigeste. Ils ont cherché à cultiver la
vigne et à boire du vin ; mais le sol s'y est peu
prêté, et c'est dommage, car le vin eut dégrossi
ces peuplades uniformes, incolores, insipides, stu-
pides et ridicules.

XX

Hæc in commune de Germanorum origine ac moribus ACCEPIMUS.

www.ingramcontent.com/pod-product-compliance
Lightning Source LLC
Chambersburg PA
CBHW051341050726
47595CB00006B/2355